GARFIELD

allez hop cascades

PAR JIM DAVIS

JIM DAVIS

GARFIELD

allez hop cascades

TRADUIT DE L'AMÉRICAIN PAR
JEAN-ROBERT SAUCYER

Version française:
Presses Aventure, une division de
Les Publications Modus Vivendi Inc.
C.P. 213, Dépôt Sainte-Dorothée
Laval (Québec)
Canada
H7X 2T4

Dépôt légal: 3ième trimestre 1998
Bibliothèque nationale du Québec
Bibliothèque nationale du Canada

ISBN: 2-922148-44-0

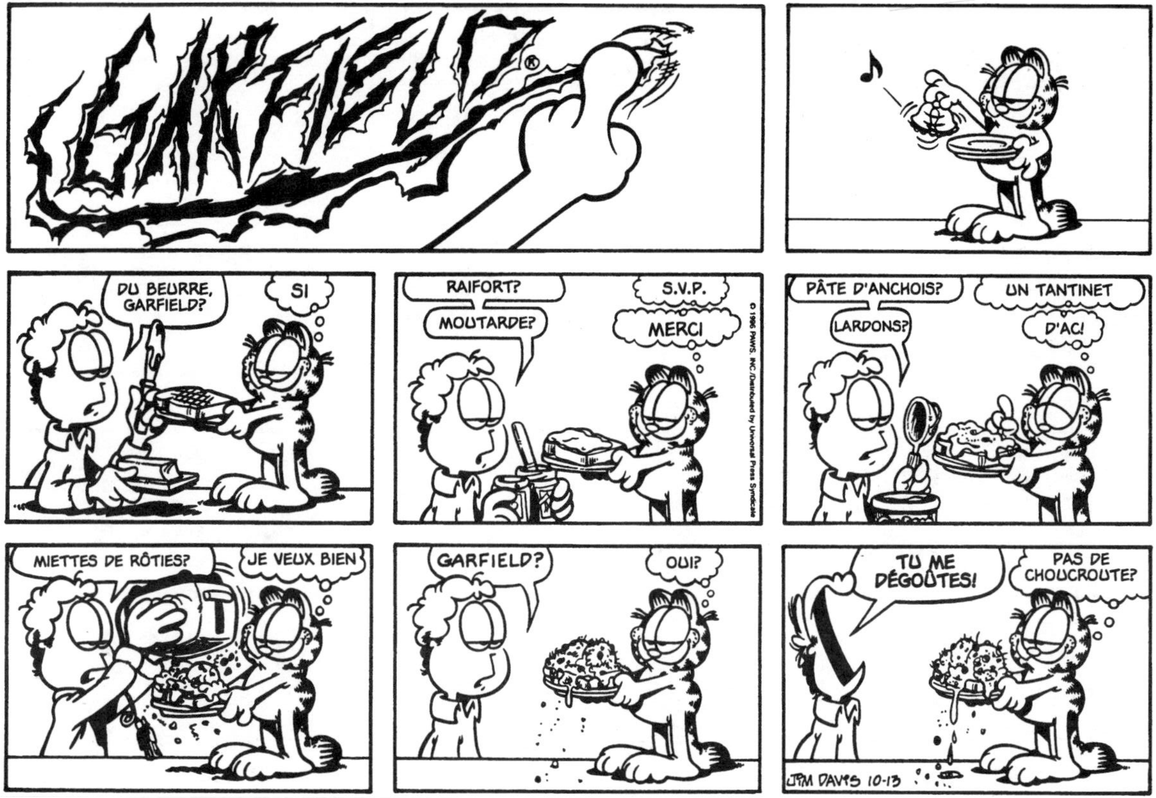

GARFIELD®
DU BEURRE, GARFIELD?
SI
RAIFORT?
S.V.P.
MOUTARDE?
MERCI
© 1996 PAWS, INC./Distributed by Universal Press Syndicate
PÂTE D'ANCHOIS?
UN TANTINET
LARDONS?
D'AC!
MIETTES DE RÔTIES?
JE VEUX BIEN
GARFIELD?
OUI?
TU ME DÉGOÛTES!
PAS DE CHOUCROUTE?
JIM DAVIS 10-13

ATTRAPE LA SOURIS!
TU AS OUBLIÉ LA FORMULE MAGIQUE
ATTRAPE LA SOURIS, SINON PAS DE DÎNER
PRESTO!
JIM DAVIS 10-14
© 1996 PAWS, INC./Distributed by Universal Press Syndicate

GARFIELD, IL EST **GRAND** TEMPS DE PUNIR CES SOURIS
BIEN VRAI!
BOUM BOUM BOUM
PAS DE JEU VIDÉO PENDANT UNE SEMAINE!
JIM DAVIS 10-15
© 1996 PAWS, INC./Distributed by Universal Press Syndicate

QUE FAIS-TU LÀ?
MA FEMME M'A EXPULSÉ DE NOTRE TROU
POURQUOI?
EUH... J'AI MANGÉ DE L'AIL ET VOILÀ QUE...
JIM DAVIS 10-16

JE TE SIGNALE QU'UNE SOURIS DORT SUR MON LIT!
TU SAIS QUOI FAIRE!
Z
Z
Z
JIM DAVIS 10-17

AS-TU ATTRAPÉ LA SOURIS?
TU PARLES!
JPM DAVPS 10-18
QU'EN AS-TU FAIT...?
JE L'AI BAGUÉE AVANT DE LA RELÂCHER DANS LA NATURE

?
JPM DAVPS 10-19
LOUER
"CHAMBRE À LOUER"? QUELLE CHAMBRE?!
TU T'Y TROUVES

GARFIELD®
SARDINES DE CHOIX
TAC
TAC
TAC
VOICI TON CAFÉ
À PROPOS, NOUS N'AVONS PLUS DE LAIT
JE VAIS CHERCHER LE SUCRE
JIM DAVIS 10-20
OUIN OUIN
© 1996 PAWS, INC./Distributed by Universal Press Syndicate

JIM DAVIS 10-21
© 1996 PAWS, INC./Distributed by Universal Press Syndicate
ZWIP
ZWIP
ZWIP
ZWIP
ZWIP
ZWIP
ZWIP
JE HAIS LES LUNDIS

HÉ ODIE!
CHIEN IDIOT
ÉPINGLE CE BADGE QUI DIT "CHIEN IDIOT"
CHIEN IDIOT
© 1996 PAWS, INC./Distributed by Universal Press Syndicate
OUILLE! OUILLE! OUILLE!
QUE FERAIS-JE SANS LUI?
JIM DAVIS 10-22

JEVOUSDIS QUERIEN N'ÉGALEUNE TASSEDE CAFÉENSE LEVANT
UNEBONNETASSE DECAFÉBRÛLANTET PEUT-ÊTREUN BEIGNETÀLA CONFITUREPOUR ACCOMPAGNERLE DIVINBREUVAGE
MAISC'ESTÀLA DEUXIÈMEVOIREÀLA TROISIÈMETASSE QUEL'ONAPPRÉCIE VRAIMENTUN BEIGNETEXTRA
TU PARS EN DÉSINTOX
JIM DAVIS 10-23
© 1996 PAWS, INC./Distributed by Universal Press Syndicate

GENTILLE PROMENADE?
OUAIS
JIM DAVIS 10-24
UNE PÉNURIE DE CANARIS FRAPPE LA VILLE!
GARFIELD!
© 1996 PAWS, INC./Distributed by Universal Press Syndicate

BIEN SÛR, GISÈLE, JE COMPRENDS
JIM DAVIS 10-25
ELLE A UNE BONNE RAISON DE NE PAS M'ACCOMPAGNER
ELLE EST ALLERGIQUE AUX ANDOUILLES
ATCHOUM!

JE JOGGE UN PEU PLUS LOIN CHAQUE JOUR
MAIS IL N'OUBLIE JAMAIS DE REVENIR
JIM DAVIS 10-26

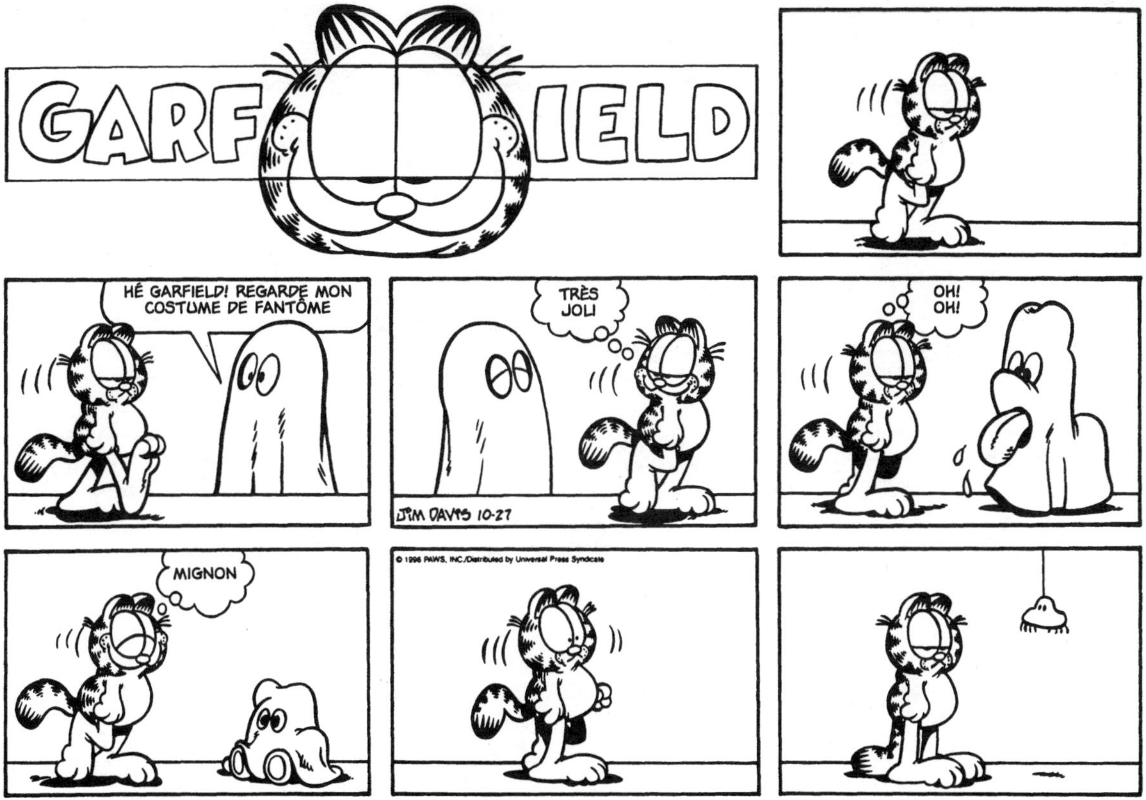
GARFIELD
HÉ GARFIELD! REGARDE MON COSTUME DE FANTÔME
TRÈS JOLI
JIM DAVIS 10-27
OH! OH!
MIGNON
© 1996 PAWS, INC./Distributed by Universal Press Syndicate

JE VAIS DONNER LA FROUSSE À JON...
BONJOUR GARFIELD
VOILÀ LA TÊTE QU'IL FAIT AVANT SON PREMIER CAFÉ
JE T'AI ENTENDU
JIM DAVIS 10-28

JE VAIS BIEN RIGOLER MASQUÉ COMME ODIE
JIM DAVIS 10-29
OÙ ODIE PEUT-IL SE TROUVER?
WHAM!

TAP
TAP
AÏE!
JIM DAVIS 10-30

TIENS GARFIELD! JE T'AI LOUÉ UN COSTUME POUR LE BAL MASQUÉ
JIM DAVIS 10-31
QU'EN DIS-TU?
JE NE SAIS TROP, JON
J'AI UN MAUVAIS PRESSENTIMENT

ALLONS DONC! ÇA NE FAIT PAS PEUR
LÀ, PAR CONTRE, JE TREMBLE
JIM DAVIS 11-1

YAAAAHH!
C'EST LE MASQUE LE PLUS EFFROYABLE QUE J'AIE VU!
JIM DAVIS 11-2
UNE GAMELLE VIDE

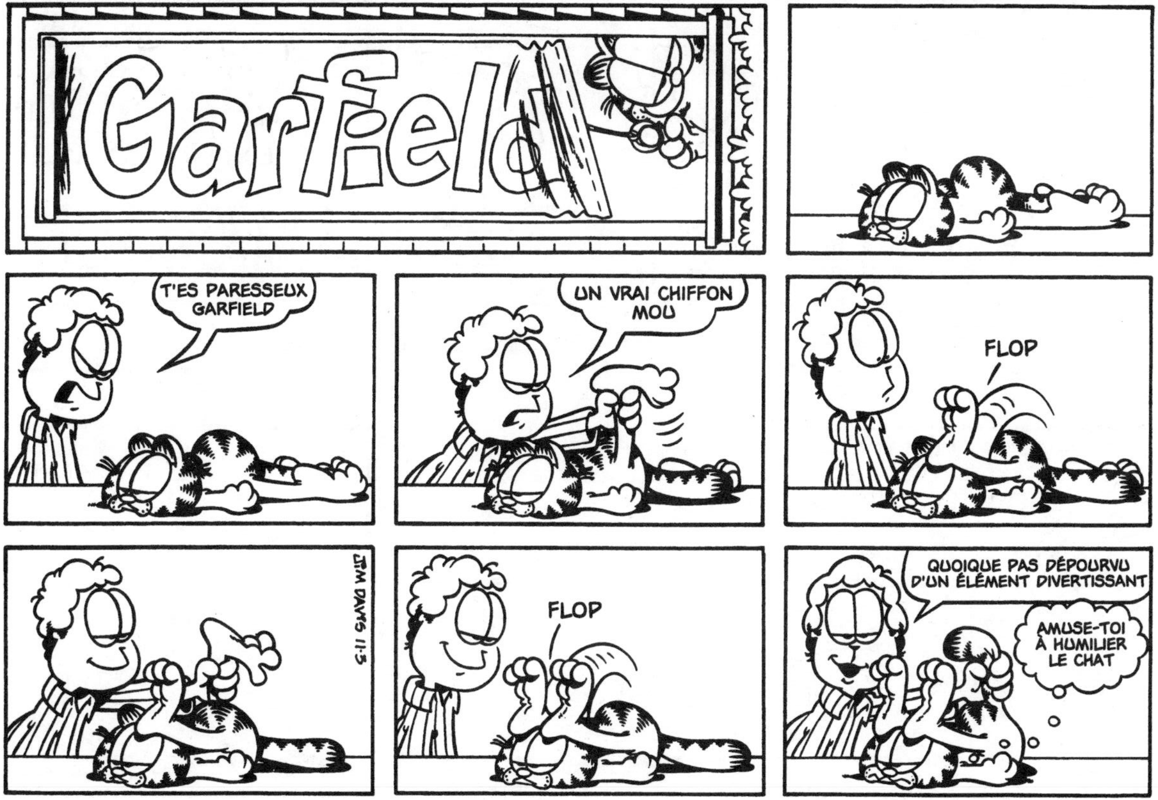
Garfield
T'ES PARESSEUX GARFIELD
UN VRAI CHIFFON MOU
FLOP
JIM DAVIS 11-3
FLOP
QUOIQUE PAS DÉPOURVU D'UN ÉLÉMENT DIVERTISSANT
AMUSE-TOI À HUMILIER LE CHAT

LUNDI, QUELLE MAUVAISE SURPRISE ME RÉSERVES-TU?
WHAM
© 1996 PAWS, INC./Distributed by Universal Press Syndicate
C'EST MAINTENANT CHOSE FAITE...
JIM DAVIS 11-4

TA PRÉSENCE M'EST FORT DÉPLAISANTE
TU POSSÈDES TOI-MÊME QUELQUES DÉFAUTS
JIM DAVIS 11-5
© 1996 PAWS, INC./Distributed by Universal Press Syndicate
NUL N'EST PARFAIT
CONTENTONS-NOUS D'ABOYER ET DE MIAULER

JIM DAVIS 11-6
© 1996 PAWS, INC./Distributed by Universal Press Syndicate
T'ES UN GROS PARESSEUX!
COMMENT M'A-T-IL RECONNU?

© 1996 PAWS, INC./Distributed by Universal Press Syndicate
J'AIME PAS QUAND IL FAIT LE TIMBRÉ
C'ÉTAIT MON AIR FÉROCE!
JIM DAVIS 11-7

ANNE NE VEUT PAS M'ACCOMPAGNER
JIM DAVIS 11-8
MAIS L'OCÉAN REGORGE DE POISSONS, GARFIELD
JE NE SAIS TROP DIRE, JON...
JE VAIS JETER UN AUTRE FILET
LA CHALOUPE PREND L'EAU ET LE VER EST NOYÉ!
© 1996 PAWS, INC./Distributed by Universal Press Syndicate

QU'EST-CE QUE J'AI DÉJÀ DIT À PROPOS DES PIERRES LANCÉES DANS LA MAISON?!
JIM DAVIS 11-9
ATTENDS UN PEU... NE DIS RIEN... JE M'EN RAPPELLE...
OH! OUI! TU AS DIT: "OUILLE! J'AI MAL!"
© 1996 PAWS, INC./Distributed by Universal Press Syndicate

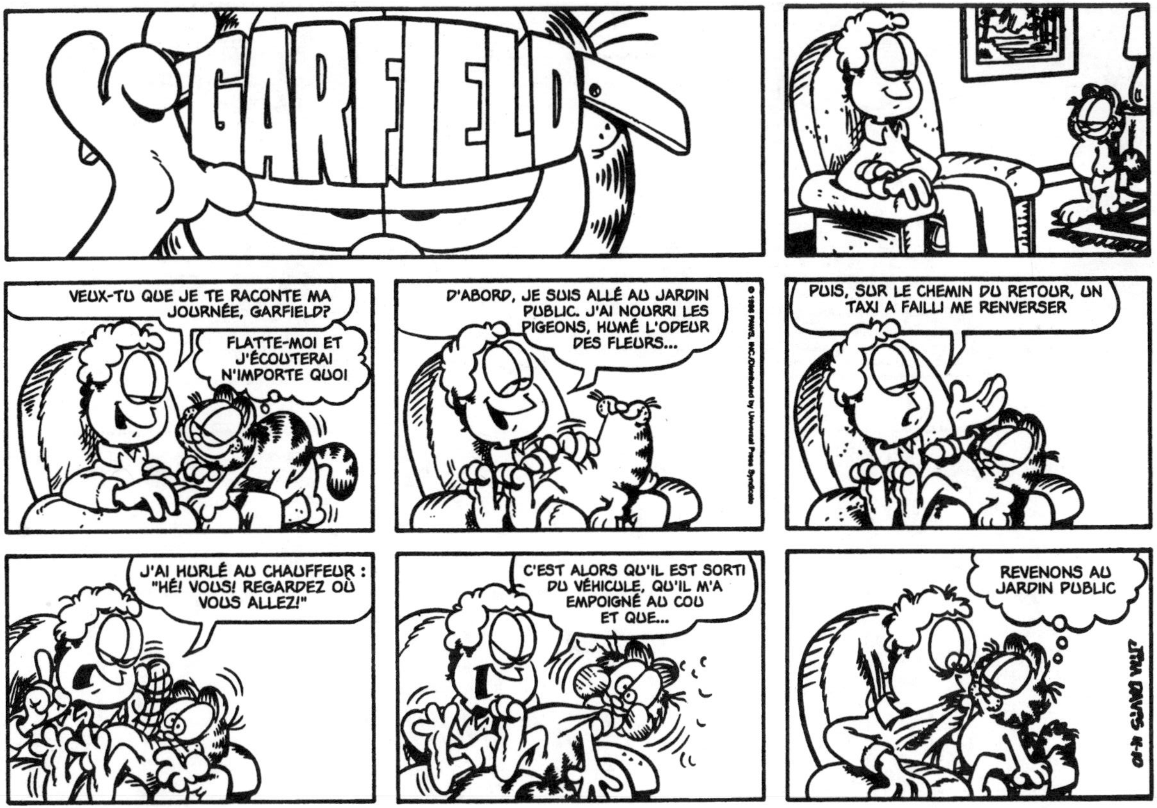
GARFIELD
VEUX-TU QUE JE TE RACONTE MA JOURNÉE, GARFIELD?
FLATTE-MOI ET J'ÉCOUTERAI N'IMPORTE QUOI
D'ABORD, JE SUIS ALLÉ AU JARDIN PUBLIC. J'AI NOURRI LES PIGEONS, HUMÉ L'ODEUR DES FLEURS...
PUIS, SUR LE CHEMIN DU RETOUR, UN TAXI A FAILLI ME RENVERSER
J'AI HURLÉ AU CHAUFFEUR : "HÉ! VOUS! REGARDEZ OÙ VOUS ALLEZ!"
C'EST ALORS QU'IL EST SORTI DU VÉHICULE, QU'IL M'A EMPOIGNÉ AU COU ET QUE...
REVENONS AU JARDIN PUBLIC
JIM DAVIS 11-10

ARBRE, JE NE GRIMPERAI PAS SUR TOI
JIM DAVIS 11-11
PEU M'IMPORTENT TES SUBTERFUGES
VOILÀ QUI EST DÉLOYAL

C'EST MON ARBRE!
HÉ L'AMI! DÉGUERPIS!
JIM DAVIS 11-12

PAS SI MAL D'ÊTRE COINCÉ SUR UN ARBRE...
© 1996 PAWS, INC./Distributed by Universal Press Syndicate
JE RESTE ICI ET JE REGARDE LE PANORAMA
POUR LE RESTANT DE MA VIE!
JIM DAVIS 11-13

JE SUIS ICI DEPUIS FORT LONGTEMPS. J'AI PEUT-ÊTRE ÉTABLI UN RECORD...?
HÉ ESTELLE! REGARDE LÀ-HAUT!
JIM DAVIS 11-14
CE DOIT ÊTRE LE CHAT LE PLUS STUPIDE AU MONDE!
© 1996 PAWS, INC./Distributed by Universal Press Syndicate
UN RECORD!

JIM DAVIS 11-15
UNE FOULE GROUILLANTE COMMENCE À SE RASSEMBLER
D'ICI, CES GENS RESSEMBLENT À DES FOURMIS
GARFIELD, QUE FAIS-TU LÀ?
C'EN SONT PROBABLEMENT

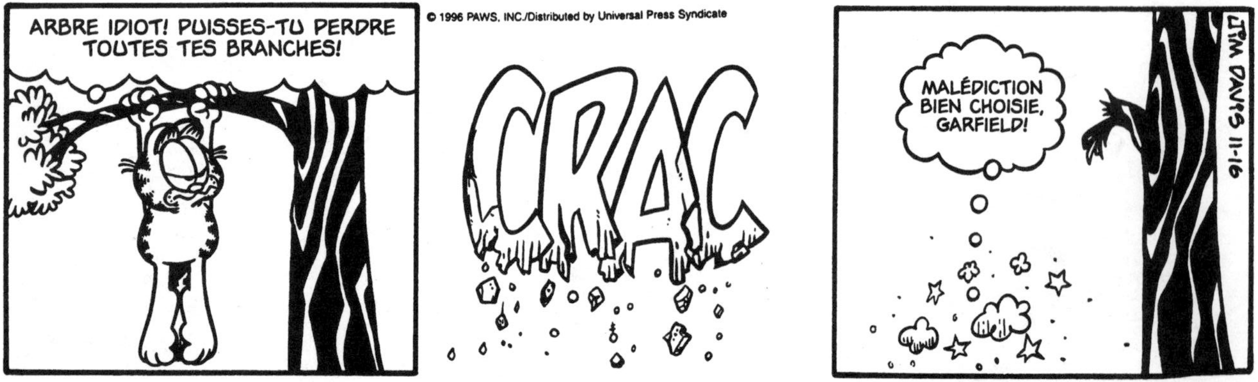
ARBRE IDIOT! PUISSES-TU PERDRE TOUTES TES BRANCHES!
CRAC
MALÉDICTION BIEN CHOISIE, GARFIELD!
JIM DAVIS 11-16

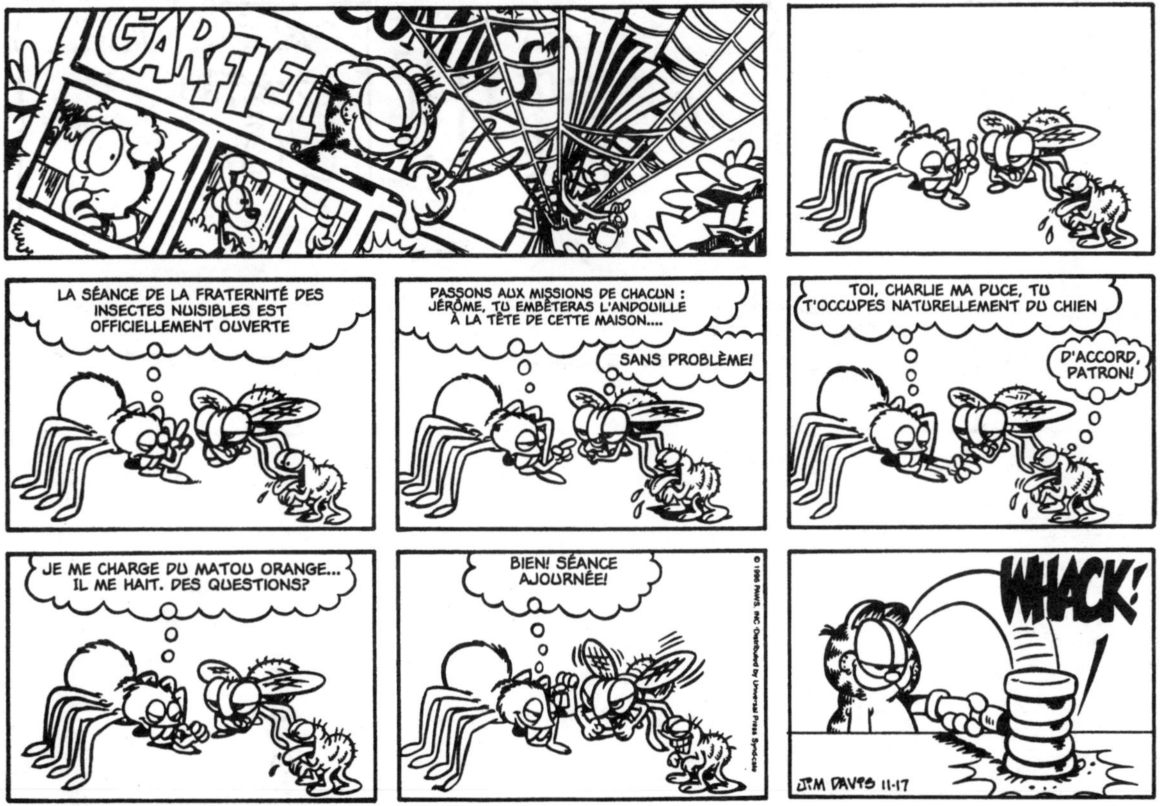
GARFIEL
LA SÉANCE DE LA FRATERNITÉ DES INSECTES NUISIBLES EST OFFICIELLEMENT OUVERTE
PASSONS AUX MISSIONS DE CHACUN : JÉRÔME, TU EMBÊTERAS L'ANDOUILLE À LA TÊTE DE CETTE MAISON....
SANS PROBLÈME!
TOI, CHARLIE MA PUCE, TU T'OCCUPES NATURELLEMENT DU CHIEN
D'ACCORD, PATRON!
JE ME CHARGE DU MATOU ORANGE... IL ME HAIT. DES QUESTIONS?
BIEN! SÉANCE AJOURNÉE!
© 1996 PAWS, INC Distributed by Universal Press Syndicate
WHACK!
JIM DAVIS 11-17

LUNDI, JE NE TE CRAINS PAS!
JIM DAVIS 11-18
EN FAIT, JE ME RIS DE TOI!
HA! HA! HA! HA! HA!
ZZZZZZZ

GARFIELD, LE TABLEAU EST-IL DE TRAVERS?
NON
A PRÉSENT OUI!
MERCI DE TON AIDE!
JE FAIS DE MON MIEUX
JIM DAVIS 11-19

HOUP!
JIM DAVIS 11-20
SSSSS SSS
ENCORE LE FOND DE LA CAFETIÈRE!

AINSI, HÉLÈNE, TU DONNES UNE SOIRÉE
JIM DAVIS 11-21
BIGRE! MON INVITATION A DÛ S'ÉGARER...
ELLE DIT QUE NON ET POUR S'EN ASSURER, ELLE A TUÉ LE FACTEUR
JE VAIS CHERCHER LE JEU DE DAMES

GARFIELD, CE DOIT ÊTRE L'INVITATION À LA SOIRÉE CHEZ HÉLÈNE!
JIM DAVIS 11-22
ENFIN, LE **GRAND MOMENT** TANT ATTENDU!...
CROUCH
CROUCH
CROUCH
UNE INJONCTION DE NE PAS M'APPROCHER
ZUT!... TOI QUI VIENS D'ACHETER UN NOUVEAU COUSSIN-PÉTEUR

EUF
EN FAIT, JE NE M'ENNUIE PAS
JE M'Y EXERCE!
JIM DAVIS 11-23

GARFIELD COMICS
LE HAMBURGER DE JON
JE GOÛTERAI SEULEMENT AU CORNICHON
... PEUT-ÊTRE À LA LAITUE ET AUSSI À LA TOMATE
... ET L'OIGNON, ET...
© 1986 PAWS, INC./Distributed by Universal Press Syndicate
ET PUIS, FLÛTE!
EUH... ON DIRAIT QU'IL MANQUE QUELQUE CHOSE
T'AS RAISON!
GLOU
GLOU
GLOU
GLOU
GLOU
JIM DAVIS 11-24

BONSOIR MESDAMES ET...
CRASH!
DONNONS-LEUR CE QU'ILS RÉCLAMENT!
CLAP CLAP CLAP CLAP CLAP CLAP
11-25
JIM DAVIS
© 1996 PAWS, INC./Distributed by Universal Press Syndicate

CE N'EST PAS LA MEILLEURE VEDETTE AMÉRICAINE...
JIM DAVIS 11-26
MAIS IL EST TOUT CE QUE J'AI DÉNICHÉ À LA DERNIÈRE MINUTE
PERMETTEZ QUE JE VOUS DISE
© 1996 PAWS, INC./Distributed by Universal Press Syndicate
CETTE FEMME ÉTAIT UN BOUDIN...

TAP
TAP
TAP
JIM DAVIS 11-27
DONK
© 1996 PAWS, INC./Distributed by Universal Press Syndicate
VIVEMENT QUE REVIENNE LE TEMPS DES TOMATES!

J'AIMERAIS QUE QUELQU'UN DE L'AUDITOIRE SE PORTE VOLONTAIRE!
© 1996 PAWS, INC./Distributed by Universal Press Syndicate
JIM DAVIS 11-28
J'AIMERAIS AVANT TOUT AVOIR UN AUDITOIRE

TAP
TAP
TAP
CHOU!
CHOU!
CHOU!
CHOU!
ALLEZ, BANDE D'INGRATS! DÉFOULEZ-VOUS!
CHOU!
CHOU!
CHOU!
CHOU!
© 1996 PAWS, INC./Distributed by Universal Press Syndicate
QU'...
UN VENDEUR DE BARBE À PAPA ÉTAIT AU SPECTACLE CE SOIR
JIM DAVIS 11-29

TAP
TAP
TAP
© 1996 PAWS, INC./Distributed by Universal Press Syndicate
JIM DAVIS 11-30
RÉPÉTITION GÉNÉRALE!

GARFIELD®
Silence! On tourne!
COSTUMES
© 1996 PAWS, INC./Distributed by Universal Press Syndicate
JIM DAVIS 12·1

EUF
DEUX... TROIS...
EUF
SA SÉANCE D'EN-TRAÎNEMENT
JIM DAVIS 12-2
© 1996 PAWS, INC./Distributed by Universal Press Syndicate

TE SOUVIENS-TU DU TEMPS JADIS QUAND NOUS FAISIONS CECI?
PAF!
CRASH!
QUE FAISAIS-TU?
J'ÉVOQUAIS MES SOUVENIRS
JIM DAVIS 12-3
© 1996 PAWS, INC./Distributed by Universal Press Syndicate

CE SOURIRE NE TROMPE PERSONNE
© 1996 PAWS, INC./Distributed by Universal Press Syndicate
CELUI-LÀ NON PLUS
ZUT!
JIM DAVIS 12-4

GARFIELD, TU AS BOUFFÉ TOUS LES BEIGNETS
© 1996 PAWS, INC./Distributed by Universal Press Syndicate
TU SEMBLES DÉPRESSIF
SERAIT-CE LA CULPABILITÉ?
ILS ÉTAIENT MES AMIS
JIM DAVIS 12-5

DU CAFÉ, GARFIELD?
HEBDO MATIN
JIM DAVIS 12-6
IL EST UN PEU CORSÉ
IL ME FAIT UN CLIN D'OEIL

QU'EST-CE QUI TE REND SI JOYEUX?
IL S'AGISSAIT D'UN SARCASME
JOYEUX, C'EST COMME CECI!
JIM DAVIS 12-7

GARFIELD
VOYONS VOIR... L'ENDROIT IDÉAL...
HUM
© 1986 PAWS, INC./Distributed by Universal Press Syndicate
AH-HA!
ÇA RISQUE D'ÊTRE LONG
JIM DAVIS 12-8

LE TEMPS DES FÊTES EST REVENU!
DÉCEMBRE
JIM DAVIS 12-9
J'ADORE CETTE PÉRIODE DE L'ANNÉE
© 1996 PAWS. INC./Distributed by Universal Press Syndicate
JE REDEVIENS CUPIDE COMME DANS MON JEUNE TEMPS!

HUM...
JE ME DEMANDE QUI A INVENTÉ LA CANNE DE SUCRE CANDI?
© 1996 PAWS. INC./Distributed by Universal Press Syndicate
PROBABLEMENT UN VIEUX LUTIN BOÎTEUX
JIM DAVIS 12-10

Joyeux Noël!
Baisers, Jon, Odie et Garfield
JIM DAVIS 12-11
HUM!
Joyeux Noël!
Baisers, Jon, ~~Odie et Garfield~~
Garfield et Odie
© 1996 PAWS, INC./Distributed by Universal Press Syndicate

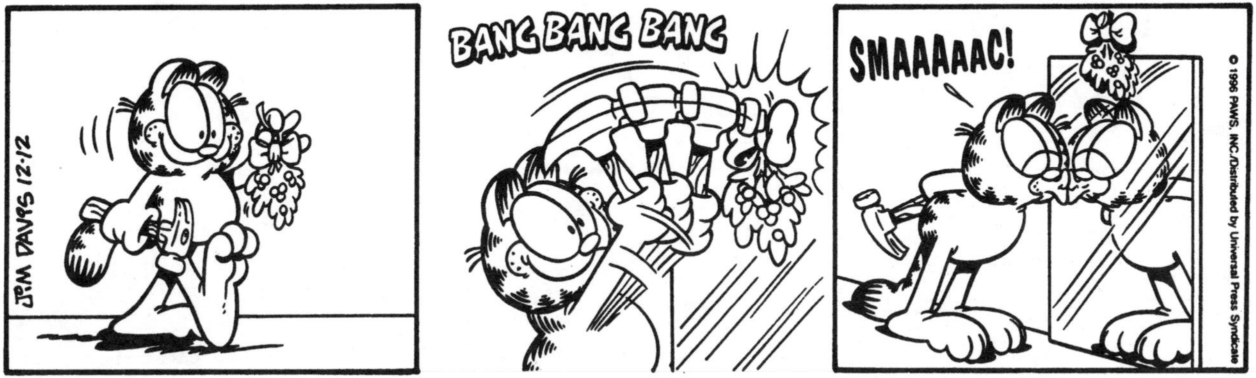
JIM DAVIS 12-12
BANG BANG BANG
SMAAAAAC!
© 1996 PAWS, INC./Distributed by Universal Press Syndicate

JIM DAVIS 12-13
ODIE
ODIE
ODIE

JIM DAVIS 12-14
1, 2, 3, 4, 5...
SIX! HOURRA! SIX! UN DE PLUS!
LE COMPTE QUOTIDIEN DES CADEAUX

GARFIELD
J'ADORE LES CHANTS DE NOËL
LES CANTIQUES SACRÉS, LES HARMONIES CÉLESTES...
HÉ FRANK! TU CHANTES FAUX!
JIM DAVIS 12-15
OH OUAIS?
MOI?! CHANTER FAUX? TOI PLUTÔT!
VOS GUEULES, VOUS DEUX...
!
VOUS CHANTEZ FAUX TOUS LES DEUX!
!
PUNCH
SAINTE NUIT...
POKE
BOOF
SLAP!
SOCK
SLAP!
OUCH!
SLAP!
SWAT
SOCK

IL SEMBLE QUE LA RÉCOLTE SERA BONNE CETTE ANNÉE
JIM DAVIS 12-16
J'AI HÂTE DE FAIRE LES MOISSONS
ILS SONT PRESQUE MÛRS

CELUI-CI FONCTIONNE...
CELUI-CI FONCTIONNE...
CELUI-CI FONCTIONNE...
J'AI TROUVÉ L'AMPOULE COURT-CIRCUITÉE DANS LE SAPIN!
VRAI?
JIM DAVIS 12-17

JE VAIS DÉPOSER TON PRÉSENT SOUS LE SAPIN
TU NE FOUINERAS PAS, PROMIS?
JE TE DONNE MA PAROLE D'HONNEUR
DÉCROISE TES ORTEILS
SALES MOUCHARDS!
JIM DAVIS 12-18

GARFIELD, FOUINES-TU DANS TON CADEAU?
NON, JE NE FOUINE PAS...
J'OBSERVE DE PRÈS! VIENS M'EN EMPÊCHER!
HÉ! LA BOÎTE EST VIDE!
FRIME ET BLUFF, C'EST MOI!
JIM DAVIS 12-19

TU M'AS LEURRÉ! CETTE BOÎTE NE CONTIENT RIEN!
TU AVAIS PROMIS DE NE PAS FOUINER
VOILÀ CE QU'ON GAGNE À NE PAS TENIR PAROLE
MERCI BIEN POUR RIEN!
JIM DAVIS 12-20

GARFIELD
JIM DAVIS 12-21
ODIE
JALOUSIE QUAND TU NOUS TIENS

À Garfield.
© 1986 PAWS, INC./Distributed by Universal Press Syndicate
JIM DAVIS 12-22
CLING
LA THÉORIE SUR NOTRE VISION AUX RAYONS X EST UNE FARCE
GARFIELD

TOUJOURS AGRÉABLE DE VOIR QUE NOËL RAMÈNE LES CANNES DE BONBON
MANGEONS-LES BIEN VITE PENDANT QU'ELLES SONT EN SAISON!
JIM DAVIS 12-23

LA VEILLE DE NOËL
TIC TIC TIC
JIM DAVIS 12-24

GARFIELD
GARFIELD
JIM DAVIS 12·25
JOYEUX NOËL!
GARFIELD

GARFIELD, AS-TU ESSAYÉ LA TUQUE QUE MAMAN T'A TRICOTÉE?
OUI
JIM DAVIS 12·26
QU'EN DIS-TU?
J'EN DIS QUE TROP DE MOUTONS ONT DONNÉ LEUR LAINE POUR CETTE CHOSE

J'ÉCRIS UN MOT DE REMERCIEMENT À MAMAN ET PAPA. VEUX-TU AJOUTER QUELQUE CHOSE?
BURRRP
Garfield fait dire merci pour le plum-pudding
JIM DAVIS 12-27

ANNIE, C'EST JON ARBUCKLE! AS-TU PRÉVU QUELQUE CHOSE POUR LE RÉVEILLON DE...
CLIC
INCROYABLE!
SON RÉPONDEUR M'A RACCROCHÉ AU NEZ
JOUR NOIR POUR LE GRAND AMOUR
JIM DAVIS 12-28

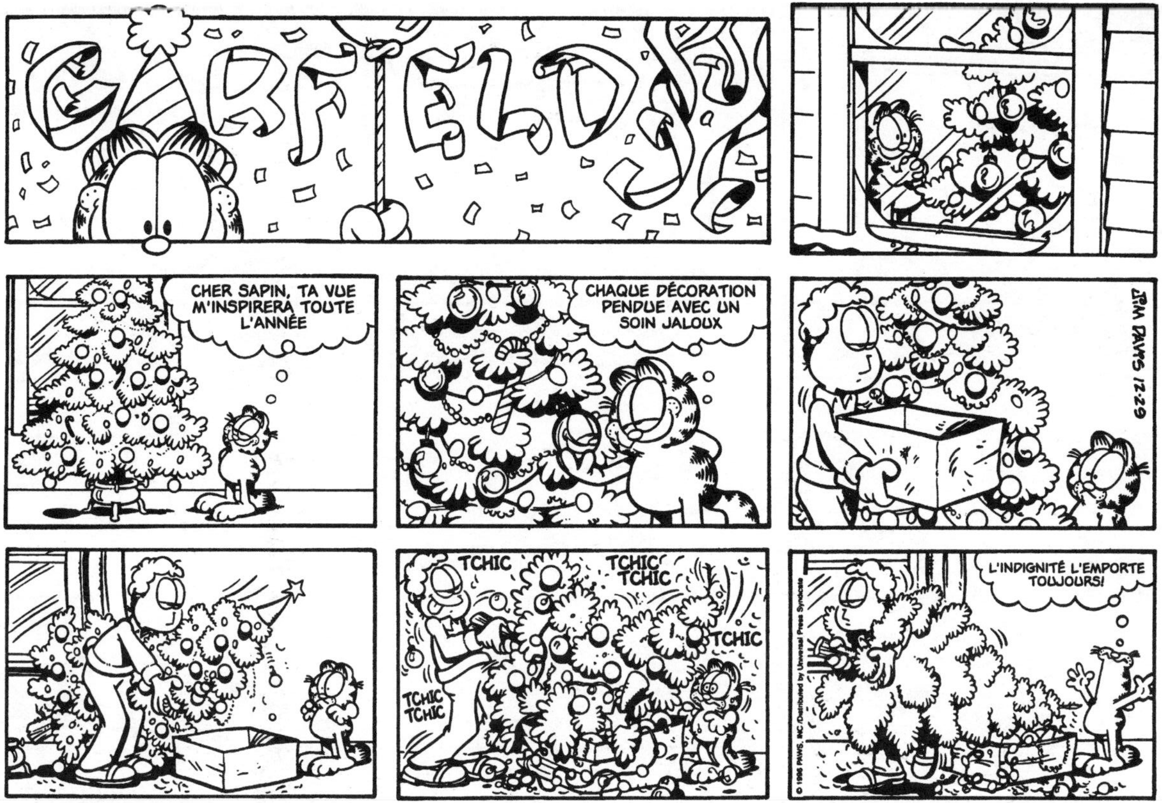
GARFIELD
CHER SAPIN, TA VUE M'INSPIRERA TOUTE L'ANNÉE
CHAQUE DÉCORATION PENDUE AVEC UN SOIN JALOUX
JIM DAVIS 12-29
TCHIC
TCHIC TCHIC
TCHIC
TCHIC TCHIC
L'INDIGNITÉ L'EMPORTE TOUJOURS!
© 1996 PAWS, INC./Distributed by Universal Press Syndicate

J'AI TÉLÉPHONÉ À TOUTES LES FILLES QUE JE CONNAIS
JIM DAVIS 12-30
AUCUNE NE VEUT M'ACCOMPAGNER AU RÉVEILLON DU JOUR DE L'AN
JE SUIS DÉSESPÉRÉ
JE L'AI BIEN VU QUAND TU AS TÉLÉPHONÉ À L'HORLOGE PARLANTE

GARFIELD, IL EST PRESQUE MINUIT...
JIM DAVIS 12-31
UNE VRAIE BÊTE À RÉCEPTIONS!
Z

YOING
OING
OING
OING
OING
OUF! QUELLE NUIT!
BONNE ANNÉE!
JIM DAVIS 1-1

WHAM!
JIM DAVIS 1-2

JIM DAVIS 1-3

PAF
PAF
PAF
JIM DAVIS 1-4

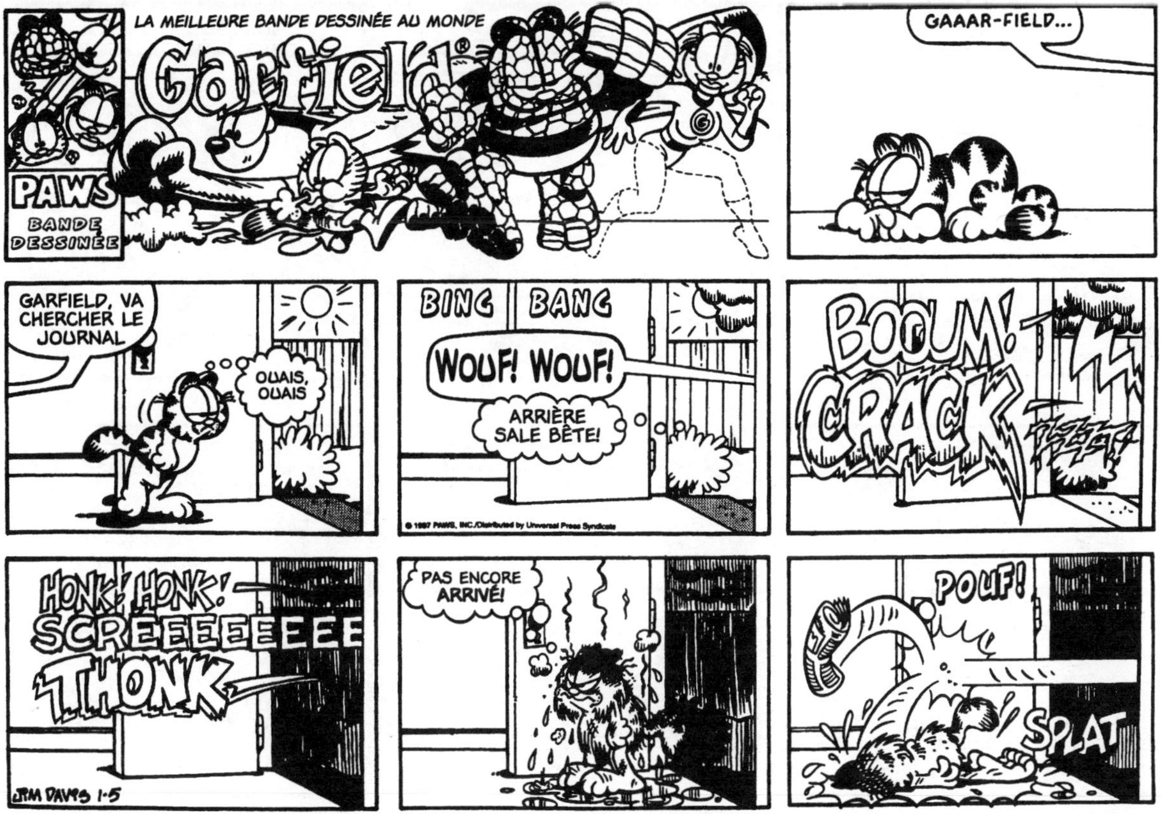
LA MEILLEURE BANDE DESSINÉE AU MONDE
Garfield®
PAWS
BANDE DESSINÉE
GAAAR-FIELD...
GARFIELD, VA CHERCHER LE JOURNAL
OUAIS, OUAIS
BING
BANG
WOUF! WOUF!
ARRIÈRE SALE BÊTE!
© 1997 PAWS, INC./Distributed by Universal Press Syndicate
BOOUM!
CRACK
HONK! HONK!
SCRÉEEEEEEEE
THONK
JIM DAVIS 1-5
PAS ENCORE ARRIVÉ!
POUF!
SPLAT

IL Y A DU POIL DE CHAT SUR LE SOL
JIM DAVIS 1-6
ET TU SAIS CE QUE ÇA VEUT DIRE, N'EST-CE PAS?
OUAH! CROIS-TU QU'IL Y A UN CHAT DANS LES PARAGES?

BONG!
JIM DAVIS 1-7
C'EST LA HUITIÈME FOIS QUE TU ME FRAPPES AVEC CETTE BALLE AUJOURD'HUI!
QU'AS-TU À DIRE POUR TA DÉFENSE?
QUEL EST LE RECORD?

ALLÔ MME LOIZEAU?
GARFIELD GRIFFE VOTRE MOUSTIQUAIRE?
ÉTEIGNEZ L'OUVRE-BOÎTE ÉLECTRIQUE, MME LOIZEAU
JIM DAVIS 1-8

MESDAMES ET MESSIEURS, À VOTRE DROITE, LE FABULEUX ESCALIER EN PEAUX DE BANANES
BONG BONG BONG BONG BONG BONG BONG BONG
QUAND VOUS AUREZ RAMASSÉ VOS FAUSSES DENTS, NOUS IRONS VOIR LE PLACARD REMPLI D'UN BAZAR EN ÉQUILIBRE PRÉCAIRE
JIM DAVIS 1-9

QUAND VEUX-TU QUE JE TE RÉVEILLE?
QUAND TU TE SENTIRAS ASSEZ BRAVE
© 1997 PAWS, INC./Distributed by Universal Press Syndicate
JIM DAVIS 1-10
JE DEVRAIS EN AVOIR JUSQU'AU TOURNANT DU MILLÉNAIRE

JIM DAVIS 1-11
© 1997 PAWS, INC./Distributed by Universal Press Syndicate
BONJOUR! COMMENT ALLEZ-VOUS? MOI, ÇA VA. VOUS ÊTES UN CHAT. J'AI UN CHAT. IL S'APPELLE SIAM. J'ADORE MON CHAT. IL S'ASSOIT SUR MES GENOUX ET JE LE FLATTE ET JE LE FLATTE ET JE LE FLATTE ET JE LE FLATTE
J'AI HORREUR DES MIMES EN PAUSE-CAFÉ

GARFIELD®
VOICI VENIR ARLÈNE!
© 1987 PAWS, INC./Distributed by Universal Press Syndicate
EEEYUUUUHHH!
HELLO ARLÈNE!
HELLO GARFIELD!
HEUREUX D'AVOIR ÉCHANGÉ UN MOT AVEC TOI! JE SAIS QUE TU ES PRESSÉE...
PAS DU TOUT! J'AI TOUT MON TEMPS. ALORS, COMMENT VAS-TU?
JIM DAVIS 1-12
JE SUIS PRESSÉ. CIAO!
OUF!
VANITÉ, TON NOM EST GARFIELD!

SUFFIT DE CAJOLER MON OURSON ET JE SUIS PARÉ POUR LA JOURNÉE!
DEUX FOIS PLUTÔT QU'UNE... C'EST LUNDI!
JIM DAVIS 1-13

OH-OH!
JIM DAVIS 1-14

Z
GARFIELD! À TABLE!
Z
CARF
JIM DAVIS 1-15
© 1997 PAWS, INC./Distributed by Universal Press Syndicate

FLUP FLUP SLURP
TU VEUX GOÛTER, POOKY?
JIM DAVIS 1-16
© 1997 PAWS, INC./Distributed by Universal Press Syndicate

© 1997 PAWS, INC./Distributed by Universal Press Syndicate
POOKY, TU SAIS COMMENT GÂTER MA MAUVAISE HUMEUR!
JIM DAVIS 1-17

JE VAIS TRAVAILLER
© 1997 PAWS, INC./Distributed by Universal Press Syndicate
JE VAIS PARESSER
TRIPLE HOURRA POUR LE YIN ET LE YANG!
JIM DAVIS 1-18

GARFIELD®
JIM DAVIS 1-19
SMACK!
HOU LA LA!
© 1987 PAWS, INC./Distributed by Universal Press Syndicate

FAUT-IL QUE TU SOIS SI PRÈS DE MOI?
NON
JE PEUX ÊTRE PLUS PRÈS ENCORE
JIM DAVIS 1-20

JE VAIS LANCER CET OISEAU EN L'AIR ET L'ATTRAPER À L'AIDE DE MA BOUCHE
GROS BÊTA!
JIM DAVIS 1-21

TU CONNAIS LE MENU DU DÎNER, GARFIELD?
J'AI PENSÉ POÊLER UN PETIT...
SQUELETTE DE POISSON!
QU'ESSAIES-TU DE ME DIRE?
JIM DAVIS 1-22
© 1997 PAWS, INC./Distributed by Universal Press Syndicate

CE CHANDAIL POUR CHIEN-CHIEN EST TOUT INDIQUÉ PAR TEMPS FRISQUET
HA HA HA HA HA HA HA HA HA HA HA HA!
VOILÀ QU'IL FAIT TROP CHAUD À PRÉSENT!
JIM DAVIS 1-23
© 1997 PAWS, INC./Distributed by Universal Press Syndicate

JE T'AI TROUVÉ UNE CARTE DE PROMPT RÉTABLISSEMENT
BONNE SANTÉ
QUE FAIS-TU LÀ, GARFIELD?
J'ATTENDS QUE TU AIES TERMINÉ CE HACHIS VIEUX D'UN MOIS
JIM DAVIS 1-24
© 1997 PAWS, INC./Distributed by Universal Press Syndicate

RIEN DANS LES ACTUALITÉS AUJOURD'HUI
PARCE QUE TOUS PARTOUT ONT REGARDÉ LA TÉLÉ TOUTE LA JOURNÉE
IL VA BIENTÔT FALLOIR QUE NOUS NOUS RELAYIONS
JIM DAVIS 1-25
© 1997 PAWS, INC./Distributed by Universal Press Syndicate

GARFIELD
GARFIELD, À TABLE!
JE T'AI MITONNÉ UN DÎNER DONT TU ME REPARLERAS
© 1987 PAWS, INC./Distributed by Universal Press Syndicate
TOURNEDOS À LA ROSSINI, SAUCE AUX PLEUROTES
DÉGLACÉS AVEC UN DOIGT DE PORTO, SUR UN PILAF DE RIZ SAUVAGE AVEC CAROTTES AU CUMIN ET UN BOUQUET DE PERSIL
HOUP
MIAM
BURRP
JIM DAVIS 1-26
J'ESPÈRE QUE ÇA T'A PLU
J'AI DÉJÀ VU PERSIL PLUS FRAIS

HÉ! GARFIELD! DEVINE QUOI? IL A NEIGÉ CETTE NU...
JIM DAVIS 1-27
© 1997 PAWS, INC./Distributed by Universal Press Syndicate
FLOUP
DIS-MOI QUELQUE CHOSE QUE J'IGNORE
LA GUERRE EST DÉCLARÉE!

O.K. GARFIELD, JE SUIS PRÊT!
JIM DAVIS 1-28
♫!
© 1997 PAWS, INC./Distributed by Universal Press Syndicate
NE CONSTRUISEZ JAMAIS UN FORT AU PIED D'UNE COLLINE
OUAAHH!

JIM DAVIS 1-29
HOU HOU HOU
IL A NEIGÉ DANS SA CULOTTE!

VOICI VENIR JON!
SPLOT
FLING
EEEEEIIYYIIEEEOOO
HOUP! UN PEU TROP BAS!
JIM DAVIS 1-30

LES BATAILLES DE BOULES DE NEIGE SONT D'UN BARBARE
JIM DAVIS 1-31
FLING!
SPLOT!
HUUU-HAA-HIII-HA HII-AAAH-HII-HA
BOUM BOUM BOUM BOUM BOUM
GAR-FIELD!
© 1997 PAWS, INC./Distributed by Universal Press Syndicate

JIM DAVIS 2-1
TAP TAP TAP
© 1997 PAWS, INC./Distributed by Universal Press Syndicate
TINK
C'EST PATHOLOGIQUE

GARFIELD
BRR... BRR... BRR... BRR
ET PUIS FLÛTE! IL EST DÉJÀ FROID
JIM DAVIS 2-2
© 1987 PAWS, INC./Distributed by Universal Press Syndicate
ET JE SUIS AFFAMÉ

EUF...
GARFIELD, EST-CE QUE ÇA VA?
OUAIS...
RIEN QU'UN BOL DE CHOCOLAT CHAUD NE SAURAIT GUÉRIR
JIM DAVIS 2-3

Z
JIM DAVIS 2-4
DRRRRIIINNNG

JE HAIS LA NEIGE
WOOOOOOUSSSH
JIM DAVIS 2-5
ET LE SENTIMENT EST RÉCIPROQUE
© 1997 PAWS, INC./Distributed by Universal Press Syndicate

PRÊT, GARFIELD? ALLONS-Y!
JIM DAVIS 2-6
AIEEEEE!
ASSEZ D'EXERCICE... PASSONS À L'ACTION!
POURQUOI SUIS-JE DEVANT?
© 1997 PAWS, INC./Distributed by Universal Press Syndicate

FABULEUSE DESCENTE EN TRAÎNEAU, HEIN GARFIELD?
DÉVALÉ LA PENTE À FOLLE VITESSE
GARFIELD?
PEUT-ON RETOURNER POUR CHERCHER MES LÈVRES?
JIM DAVIS 2-7
© 1997 PAWS, INC./Distributed by Universal Press Syndicate

CLIC
HA!
JIM DAVIS 2-8
© 1997 PAWS, INC./Distributed by Universal Press Syndicate

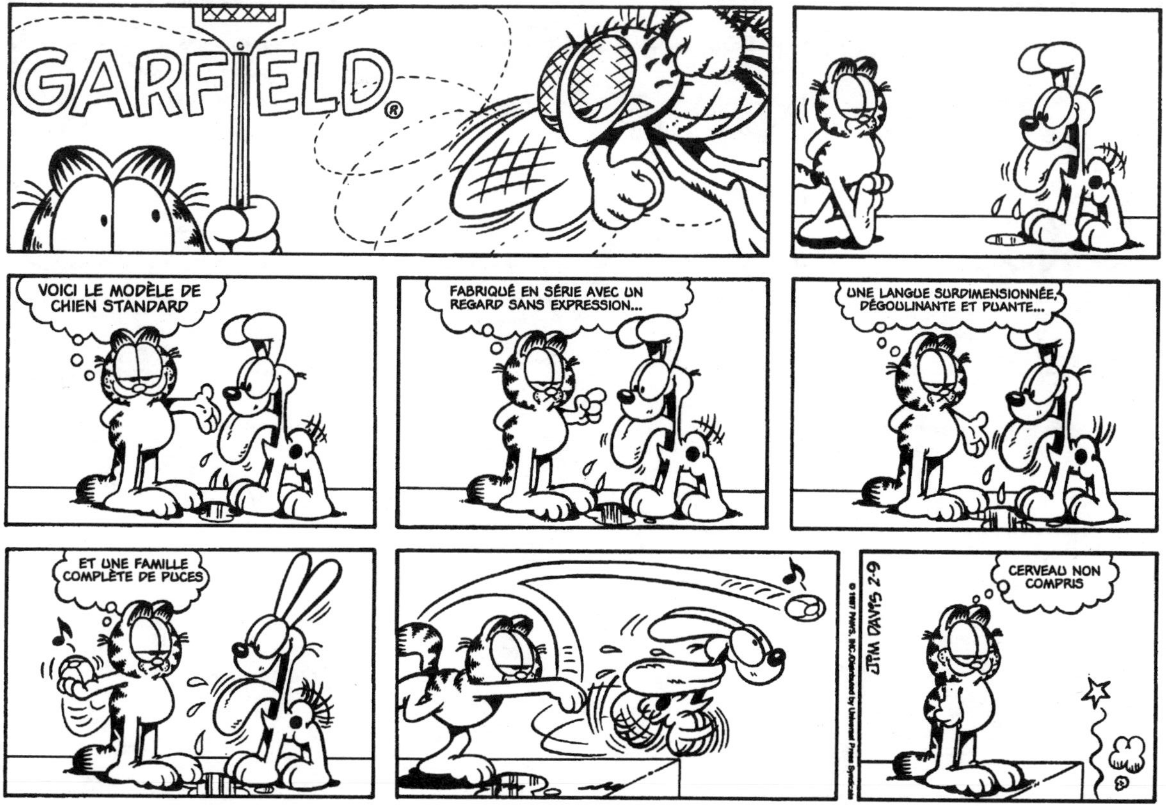
GARFIELD®
VOICI LE MODÈLE DE CHIEN STANDARD
FABRIQUÉ EN SÉRIE AVEC UN REGARD SANS EXPRESSION...
UNE LANGUE SURDIMENSIONNÉE, DÉGOULINANTE ET PUANTE...
ET UNE FAMILLE COMPLÈTE DE PUCES
JPM DAVPS 2-9
© 1987 PAWS, INC./Distributed by Universal Press Syndicate
CERVEAU NON COMPRIS

JIM DAVIS 2-10
TIENS JON! MANGE LE BISCUIT QUE ODIE A LÉCHÉ
GARFIELD, CELA NE TE RESSEMBLE PAS
SI, JUSTEMENT
© 1997 PAWS, INC./Distributed by Universal Press Syndicate

J'EMMÈNE ODIE EN PROMENADE
À PROPOS, NOUS N'AVONS PLUS D'HÉLIUM
JIM DAVIS 2-11
© 1997 PAWS, INC./Distributed by Universal Press Syndicate

JIM DAVIS 2-12
© 1997 PAWS, INC./Distributed by Universal Press Syndicate
PILE!
DEUX FOIS SUR TROIS?
PAS QUESTION! LA TÉLÉCOMMANDE EST À MOI, CE SOIR

J'ADORE LA VILLE!
© 1997 PAWS, INC./Distributed by Universal Press Syndicate
TOUT CE QU'ON SOUHAITE S'Y TROUVE
JIM DAVIS 2-13
HÉ L'AMI! VEUX-TU UN VILAIN COSTUME?
BIEN SÛR!
TAXI!

ON NE S'ENNUIE JAMAIS AVEC MOI, GARFIELD
"PARÉ POUR LA FIESTA", TELLE EST MA DEVISE!
OUAIS, IL FAUT S'Y PRÉPARER
IL A DE LA MOUSSE AUX ANCHOIS PLEIN LES POCHES
© 1997 PAWS, INC./Distributed by Universal Press Syndicate
JIM DAVIS 2-14

CE FUT UN JOUR SOMBRE, GARFIELD
PAS ÉTONNANT
QUELQU'UN A ÉPINGLÉ CETTE NOTE DANS MON DOS!
BRÛLEZ MOI VIF
CERTAINS JOURS SONT PLUS EXCITANTS QUE D'AUTRES
© 1997 PAWS, INC./Distributed by Universal Press Syndicate
JIM DAVIS 2-15

GARFIELD
© 1987 PAWS, INC./Distributed by Universal Press Syndicate
SWOUP
MIAM!
JIM DAVIS 2-16

MA CHAISE SEMBLE S'ENFONCER DANS LE SOL
C'EST LE TEMPS DE LA DIÈTE, GARFIELD
DONNE-MOI UNE SEULE RAISON VALABLE!
JIM DAVIS 2-17

SLUUUURP
JIM DAVIS 2-18
CRUNCH
CRONCH
CRUNCH
LA DIÈTE, JOUR UN

VOICI TA FEUILLE DE LAITUE
MERCI!
ET VOICI TON AIR DE DÉGOÛT
JIM DAVIS 2-19

EUF
JIM DAVIS 2-20
TU AS DORMI AU LIEU DE DÉJEUNER...
HOUP! DI-DOU!
ET TU N'AS PAS EU TON BÂTONNET DE CAROTTE
RAPPELLE-MOI DE DORMIR PENDANT L'HEURE DU LUNCH

J'AI UNE IDÉE. POURQUOI PAS PRÉTENDRE NE PLUS ÊTRE À LA DIÈTE ET TRICHER EN FAISANT LE RÉGIME?
IL Y A UN POIL FOU QUI SORT DE TON OREILLE
JIM DAVIS 2-21

JE SAIS QUE TU HAIS LES BÂTONNETS DE CAROTTES; JE T'AI DONC PRÉPARÉ AUTRE CHOSE
DES CAROTTES EN DÉS!
VOILÀ UNE POSITION FÂCHEUSE
JIM DAVIS 2-22

GGGARFIELD
Z
GARFIELD! PETIT-DÉJ'!
MIAM MIAM MIAM
HOP HOP HOP
CHASSE AU LAPIN
JE SUIS À LA DIÈTE DEPUIS TROP DE TEMPS
BON APPÉTIT!
JIM DAVIS 2-23

JOUR SEPT DE LA DIÈTE: LES HALLUCINATIONS COMMENCENT
JIM DAVIS 2-24
BOUFFE-MOI!

COMME TU VEUX!
EUF
JIM DAVIS 2-25
D'AILLEURS, JE PRÉFÈRE LES BEIGNETS AU CHOCOLAT
ALLEZ! POURQUOI NE ME BOUFFES-TU PAS?
PARCE QUE TU ES UNE HALLUCINATION, VOILÀ POURQUOI!

QU'ATTENDS-TU POUR ME BOUFFER?
NON. TU ES UNE HALLUCINATION
CETTE DIÈTE ME REND CINGLÉ. CHAQUE ALIMENT AUQUEL JE PENSE...
HOUHOU! UNE FRINGALE?
JIM DAVIS 2-26
© 1997 PAWS, INC./Distributed by Universal Press Syndicate

ODIEUSES HALLUCINATIONS, VOUS ME RENDEZ CINGLÉ!
JIM DAVIS 2-27
© 1997 PAWS, INC./Distributed by Universal Press Syndicate
UN BEIGNET ET UNE PIZZA... IL NE MANQUE PLUS QU'UN...
HELLO CHATON!
TAP TAP
TOUTE LA FAMILLE EST RÉUNIE

COMMENT VAS-TU?
PAS BIEN... ET TOI?
MAL EN POINT. CETTE DIÈTE ME TUE
IL TE FAUT QUELQUES GRANDS ÉCLATS DE RIRE...
ALLEZ! MONTE!
JIM DAVIS 2-28
© 1997 PAWS, INC./Distributed by Universal Press Syndicate

JE SUIS FIER DE TOI, GARFIELD
TU AS FAIT LA DIÈTE ET PERDU QUELQUES KILOS
JE SAIS
ET JE NE TARDERAI PAS À LES RETROUVER!
JIM DAVIS 3-1
© 1997 PAWS, INC./Distributed by Universal Press Syndicate

Garfiel
EUF
EUF
HUM
EUF
© 1987 PAWS, INC./Distributed by Universal Press Syndicate
JIM DAVIS 3-2

SAIS-TU EN QUOI RÉSIDE LA PRINCIPALE DIFFÉRENCE ENTRE TOI ET MOI, GARFIELD?
© 1997 PAWS, INC./Distributed by Universal Press Syndicate
L'INTELLECT?
JE NE MIAULE PAS
COMME JE DISAIS
JIM DAVIS 3-3

JIM DAVIS 3-4
© 1997 PAWS, INC./Distributed by Universal Press Syndicate
DEPUIS QUE J'AI POSÉ UN REVÊTEMENT D'ALUMINIUM SUR ODIE, IL N'A PLUS BESOIN DE PEINTURE

NOUS SOMBRONS DANS LA ROUTINE, GARFIELD. SI JE TE DONNAIS UN AUTRE NOM, POUR CHANGER?
JE VAIS T'APPELER BINGO!
MAUVAIS BINGO!
AU SON, C'EST DÉJÀ MIEUX
JIM DAVIS 3-5
© 1997 PAWS, INC./Distributed by Universal Press Syndicate

TU DOIS ÊTRE UN DE CES CHATS DONT ON M'A PARLÉ
JIM DAVIS 3-6
SUIS-JE CENSÉ ABOYER?
HUM... WOUF
PREMIER JOUR AU BOULOT
© 1997 PAWS, INC./Distributed by Universal Press Syndicate

JE NE VEUX PAS ÊTRE DÉRANGÉ!
JIM DAVIS 3-7
JON EST AUX PRISES AVEC UN CASSE-TÊTE COMPLIQUÉ
UN MODÈLE D'UNE EFFROYABLE COMPLEXITÉ
© 1997 PAWS, INC./Distributed by Universal Press Syndicate

JON DIT QUE JE NE LUI PRÊTE JAMAIS ATTENTION
JIM DAVIS 3-8
© 1997 PAWS, INC./Distributed by Universal Press Syndicate
JE VAIS LUI PROUVER QU'IL A TORT
TU AS CHANGÉ TA COIFFURE, PAS VRAI, JON?

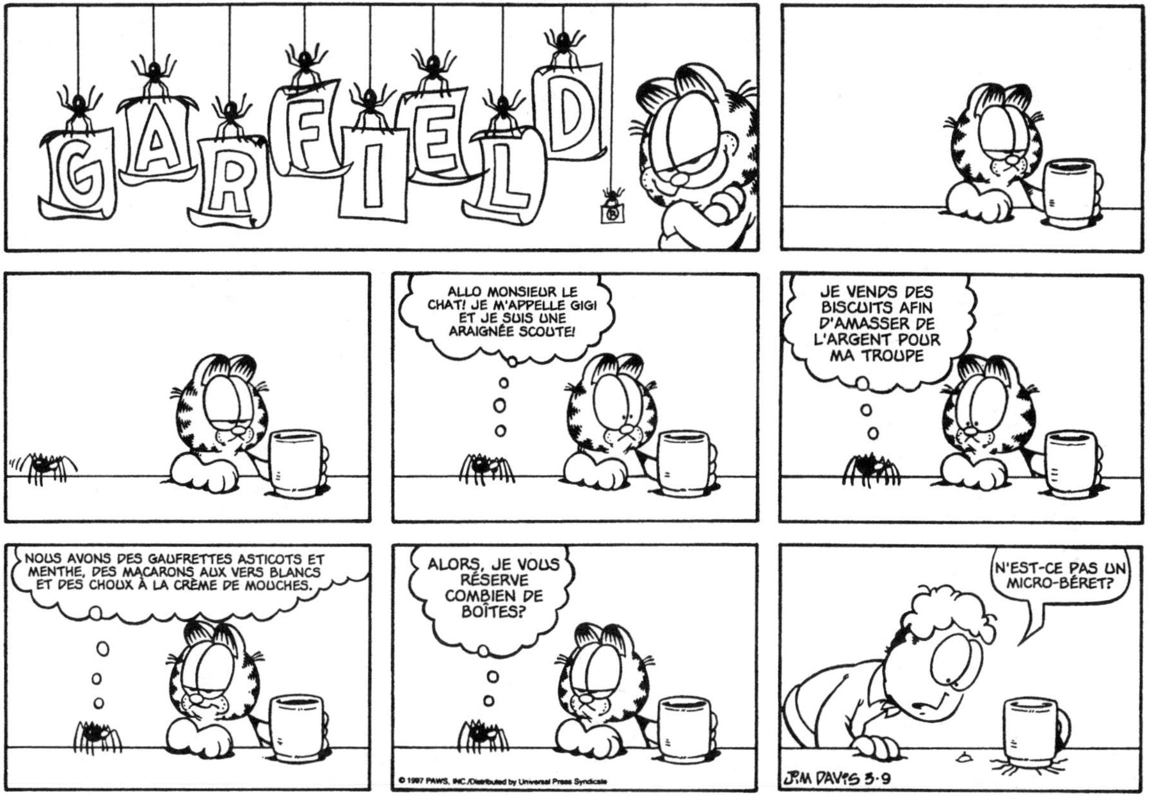
GARFIELD
ALLO MONSIEUR LE CHAT! JE M'APPELLE GIGI ET JE SUIS UNE ARAIGNÉE SCOUTE!
JE VENDS DES BISCUITS AFIN D'AMASSER DE L'ARGENT POUR MA TROUPE
NOUS AVONS DES GAUFRETTES ASTICOTS ET MENTHE, DES MACARONS AUX VERS BLANCS ET DES CHOUX À LA CRÈME DE MOUCHES.
ALORS, JE VOUS RÉSERVE COMBIEN DE BOÎTES?
N'EST-CE PAS UN MICRO-BÉRET?
© 1997 PAWS, INC./Distributed by Universal Press Syndicate
JIM DAVIS 3-9

JIM DAVIS 3-10

TU N'AS PAS LE DROIT!
JE RÉCLAME UN AVOCAT!
APPORTE-MOI L'ANNUAIRE DU TÉLÉPHONE, BOZO!
C'EST TROP FACILE
JIM DAVIS 3-11

LA VIE EST TROP BRÈVE, TU SAIS
JIM DAVIS 3-12
SMACK
L'IRONIE EST SI MORDANTE, J'EN AI MAL AU BRAS!
© 1997 PAWS, INC./Distributed by Universal Press Syndicate

CHAT!
SMACK
JIM DAVIS 3-13
OH HO!
ÇA VA, BERNIE? QUE PEUT-ON FAIRE?
SOUSCRIRE À UN MAGAZINE PLUS ÉPAIS
© 1997 PAWS, INC./Distributed by Universal Press Syndicate

BEIGNETS
BEIGNETS
MIUM
MIAM
OUIN
GLOU
© 1997 PAWS, INC./Distributed by Universal Press Syndicate
BEIGNETS
JIM DAVIS 3-14

BURP
REPAS COPIEUX?
TU PARLES
© 1997 PAWS, INC./Distributed by Universal Press Syndicate
UNE MOUCHE ENTIÈRE
QUEL GOINFRE!
JIM DAVIS 3-15

GARFIELD®
DING
OH HO...
DING
WHUMP
Shoum
DING
© 1997 PAWS, INC./Distributed by Universal Press Syndicate
OUF OUF OUF OUF
OUF OUF OUF
DING
DING
OUAH!
OUF OUF
SELON MOI, ILS ONT ENFREINT AU MOINS TROIS ARRÊTÉS MUNICIPAUX
JE N'AI RIEN VU. ALLONS CHERCHER DES BEIGNETS!
JIM DAVIS 3-16

JE SUIS DÉPRIMÉ, GARFIELD
APRÈS MA MORT, PERSONNE NE SE SOUCIERA QUE J'AIE VÉCU
COURAGE JON!
PERSONNE NE S'EN SOUCIE PRÉSENTEMENT
JPM DAVPS 3-17
© 1997 PAWS, INC./Distributed by Universal Press Syndicate
www.uexpress.com

LAP LAP LAP LAP LAP L
LAP LAP LAP LAP L
JON! ODIE BOIT ENCORE DANS LA CUVETTE!
LAP LAP LAP LAP
ODIE
GARFIELD
JPM DAVPS 3-18
© 1997 PAWS, INC./Distributed by Universal Press Syndicate
www.uexpress.com

LA BOUFFE DE JON SERA BIENTÔT À MOI
© 1997 PAWS, INC./Distributed by Universal Press Syndicate
J'AI DÉJEUNÉ TÔT AUJOURD'HUI
FLÛTE!
www.uexpress.com
QUE SUIS-JE CENSÉ FAIRE DE CE SOURIRE SOURNOIS?!
JIM DAVIS 3-19

PRÉPARE-TOI À ÊTRE PIÉTINÉE, MARGUERITE!
POURQUOI NE PAS T'EN PRENDRE À QUELQU'UN DE TA TAILLE?
© 1997 PAWS, INC./Distributed by Universal Press Syndicate
UNE MARGUERITE DE MA TAILLE?
HÉ! LULU!
JIM DAVIS 3-20
TU CHERCHES LA BAGARRE, CHATON?!... VIENS PAR ICI!
RÉVEILLE-TOI, GARFIELD! RÉVEILLE-TOI!
www.uexpress.com

TRISTE NOUVELLE DE MES PARENTS, GARFIELD
«CHER FILS, TON PORC PRÉFÉRÉ, DONATIEN, EST DÉCÉDÉ.»
«TU TROUVERAS SOUS PLI DE DÉLICIEUSES SAUCISSES COCKTAIL.»
LA PÉRIODE DE DEUIL M'A OUVERT L'APPÉTIT!
JIM DAVIS 3-21
www.uexpress.com
© 1997 PAWS, INC./Distributed by Universal Press Syndicate

... ET SURTOUT, N'OUBLIE PAS!
TU N'AS PAS OUBLIÉ, N'EST-CE PAS?
JE L'AI OUBLIÉ AVANT QUE TU AIES FINI DE ME LE DIRE
JIM DAVIS 3-22
© 1997 PAWS, INC./Distributed by Universal Press Syndicate
www.uexpress.com

GARFIELD®
GAAR-FIELD
QUE DIRAIS-TU D'UNE PETITE CROQUETTE, GARFIELD?
HOP
NON, SEULEMENT UNE CROQUETTE PAR CHAT
WHOP!
OUAH! CINQ CHATS!
JIM DAVIS 3-23

ALLO, LINDA?... JON ARBUCKLE...
D'ACCORD, J'ATTENDS
ELLE A BRANCHÉ SON RÉPONDEUR
AÏE!
JIM DAVIS 3-24
© 1997 PAWS, INC./Distributed by Universal Press Syndicate

MACHA, SORTIRAIS-TU AVEC MOI?
JIM DAVIS 3-25
© 1997 PAWS, INC./Distributed by Universal Press Syndicate
DIS OUI ET JE SERAI PLUS HEUREUX QU'UN PORC AVEC LA GUEULE PLEINE DE PÂTÉE
ALLO?...
M. PLATITUDE A ENCORE FRAPPÉ

VOIS LA CHOSE AINSI, JULIE
JIM DAVIS 3-26
© 1997 PAWS, INC./Distributed by Universal Press Syndicate
MIEUX VAUT SORTIR AVEC MOI QUE D'AVOIR UN COUTEAU DANS L'OEIL
POSE LE COUTEAU, JULIE
NE LEUR LAISSE JAMAIS LE CHOIX, JON

JE VAIS IMPRESSIONNER LA DEMOISELLE
JIM DAVIS 3-27
© 1997 PAWS, INC./Distributed by Universal Press Syndicate
ELLE VERRA COMME JE SUIS MÉTICULEUX, ORGANISÉ
J'APPORTE MON TIROIR DE CHAUSSETTES
LES CHAUSSETTES DE TITOTO LE CLOWN NE DEVRAIENT PAS SORTIR

CE SOIR, JE DÎNE AVEC ZELDA, LA FEMME CRAPAUD
APPORTE UN BOCAL DE MOUCHES
JPM DAVIS 3-28
LA DEMOISELLE FAIT CARRIÈRE DANS LE SHOWBIZ
NOUS NOUS SOMMES CONNUS AU CARNAVAL

GARFIELD, JE VAIS BOIRE CE COLA D'UN TRAIT...
JPM DAVIS 3-29
PUIS JE VAIS ABORDER CETTE FILLE LÀ-BAS
BURP!
CRÉTIN!
AH! L'AMOUR!

GARFIELD®
© 1987 PAWS, INC./Distributed by Universal Press Syndicate
OUF... TROP DE GUIMAUVE, MÊME POUR MOI...
JIM DAVIS 3-30

GARFIELD, VOUDRAIS-TU TON PETIT-DÉJEUNER AU LIT, CE MATIN?
© 1997 PAWS, INC./Distributed by Universal Press Syndicate
BIEN SÛR
FAIS LE PLEIN!
JIM DAVIS 3-31

JE NE SUPPORTE PAS L'ODEUR DE PEINTURE!
T'EN FAIS PAS, BLANDINE NOUS A INVITÉS CHEZ ELLE
© 1997 PAWS, INC./Distributed by Universal Press Syndicate
TU VEUX DIRE QUE NOUS PASSONS DANS UNE AUTRE BANDE DESSINÉE?!
EN ATTENDANT QUE LA PEINTURE SÈCHE
YOUNG & DRAKE
JIM DAVIS 4-1
MÊME POUR UN POISSON D'AVRIL, CELA EST RIDICULE!
G-RRR

JIM DAVIS 4-2
WOUF! WOUF! WOUF! WOUF!
AJUSTONS LE VOLUME
CRICRI
© 1997 PAWS, INC./Distributed by Universal Press Syndicate
WOUF! WOUF! WOUF! WOUF!

JIM DAVIS 4-3
VOICI ROGER ST-ROGER
"LE PLUS SUSCEPTIBLE DE RÉUSSIR"
SOUVENIRS
C'EST MONELLE MONETTE
"LA PLUS SUSCEPTIBLE DE DEVENIR CÉLÈBRE"
SOUVENIRS
1997 PAWS, INC./Distributed by Universal Press Syndicate
ME VOICI
"LE PLUS SUSCEPTIBLE D'ÉPOUSER UN BROYEUR À DÉCHETS"

GARFIELD, VA CHERCHER LE JOURNAL
D'ACCORD, C'EST BON! JE VAIS TONDRE LA PELOUSE!
JIM DAVIS 4·4

JIM DAVIS 4·5
TOC TOC TOC
L'INAUGURATION DE LA SAISON DES PUCES
ENFIN CHEZ NOUS!

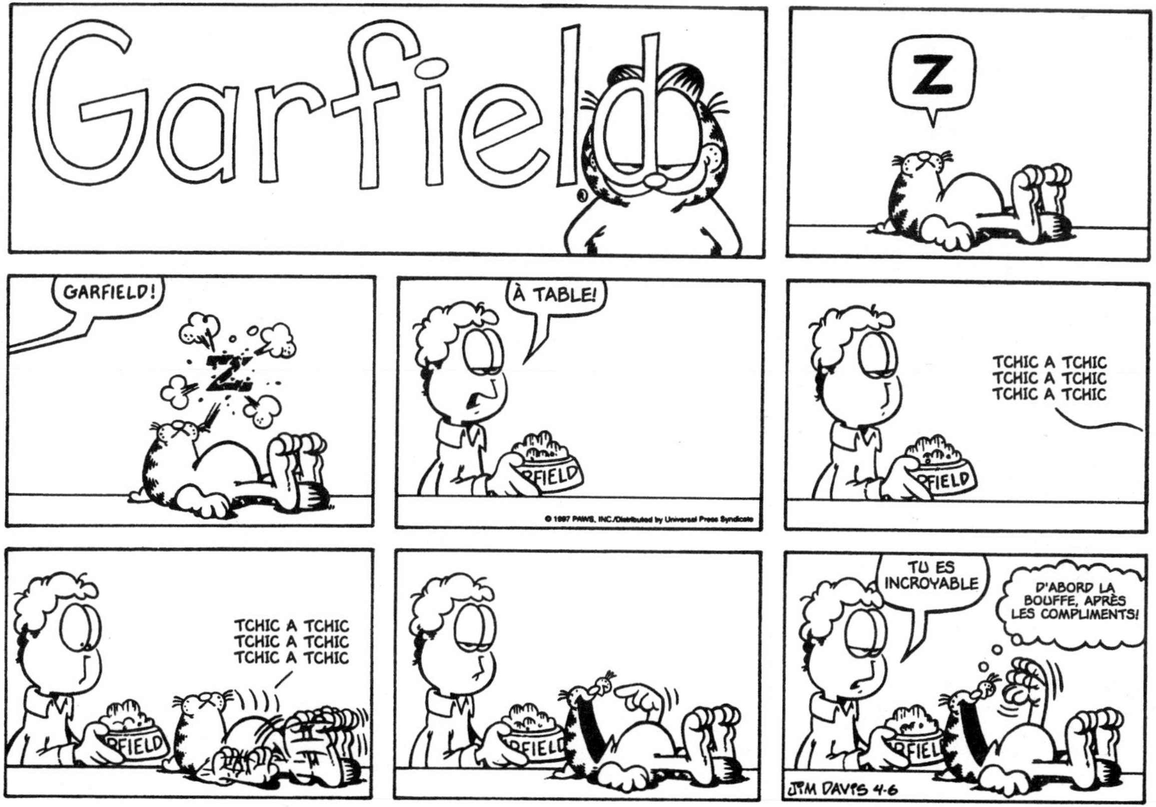
Garfield
Z
GARFIELD!
À TABLE!
© 1987 PAWS, INC./Distributed by Universal Press Syndicate
TCHIC A TCHIC
TCHIC A TCHIC
TCHIC A TCHIC
TCHIC A TCHIC
TCHIC A TCHIC
TCHIC A TCHIC
TU ES INCROYABLE
D'ABORD LA BOUFFE, APRÈS LES COMPLIMENTS!
JIM DAVIS 4-6

J'AI DÉCIDÉ DE COMMENCER À JOGGER
CE QUI VA BIEN S'APPARIER À MON AUTRE HOBBY...
... LE MENSONGE!
JIM DAVIS 4-7

GARFIELD, ATTRAPE LA BALLE!
BOINK
J'AI DIT "ATTRAPE"
JE PRÉFÈRE "LE RICOCHET"
JIM DAVIS 4-8

IL FAUT QUE LES CHOSE BOUGENT DANS CETTE MAISON!
© 1997 PAWS, INC./Distributed by Universal Press Syndicate
REMUER L'OREILLE NE COMPTE PAS
ALORS, TU TROUVES UNE IDÉE
JIM DAVIS 4-9

CE LIVRE PARLE DES ANIMAUX LOYAUX, GARFIELD
JIM DAVIS 4-10
QUI ONT RISQUÉ LEURS VIES AFIN DE PROTÉGER LEURS MAÎTRES
© 1997 PAWS, INC./Distributed by Universal Press Syndicate
MAIS TU T'EN MOQUES
SOUVIENS-TOI QUAND J'AI BOUFFÉ UNE PIZZA FUMANTE POUR T'ÉVITER DE TE BRÛLER LE PALAIS

GARFIELD, JE SUIS DE RETOUR!
D'ORDINAIRE, UN ANIMAL ACCOURT POUR ACCUEILLIR SON MAÎTRE
MAIS PAS TOI!
CHOISI MIEUX TON VERBE LA PROCHAINE FOIS
JIM DAVIS 4-11
© 1997 PAWS, INC./Distributed by Universal Press Syndicate

VOICI JON QUI VIENT. JE FERAIS MIEUX SE PARAÎTRE OCCUPÉ
ZUT! J'AI OUBLIÉ COMMENT FAIRE!
JIM DAVIS 4-12
© 1997 PAWS, INC./Distributed by Universal Press Syndicate

GARFIELD
TONK
BONSOIR MESDAMES
BONK!
ET MESSIEURS
JIM DAVIS 4-13
DONK
DONK
DONK
© 1997 PAWS, INC./Distributed by Universal Press Syndicate
VOUS AUSSI, LES ENFANTS

CE MATIN, JE MANGEAIS DES CÉRÉALES AVEC DES FRAISES
PENDANT QUE J'AVAIS LE DOS TOURNÉ, UNE SOURIS LES A MANGÉES
QU'AS-TU À RÉPONDRE À CELA, GARFIELD?
NOUS AVONS DES FRAISES?
JIM DAVIS 4-14

SAIS-TU CE QUI SE PRODUIRA QUAND JE T'AURAI ATTRAPÉE?
PAS VRAIMENT
DEMANDONS À JON. PEUT-ÊTRE LE SAIT-IL?
JIM DAVIS 4-15

JE NE VEUX PLUS VOIR DE SOURIS, GARFIELD
JIM DAVIS 4-16
© 1997 PAWS, INC./Distributed by Universal Press Syndicate
OU ELLES PARTENT OU C'EST MOI QUI PARS
BOUM! BOUM! BOUM!
QU'EST-CE QUE C'EST?
VINGT SOURIS QUI DESCENDENT TA MALLE DE L'ÉTAGE

JE SUIS VENU À UN CHEVEU D'ATTRAPER CETTE PESTE DE SOURIS
© 1997 PAWS, INC./Distributed by Universal Press Syndicate
JE REVIENS DE HAWAÏ!
PEUT-ÊTRE ÉTAIT-CE UNE TRESSE DE CHEVEUX!
JIM DAVIS 4-17

JIM DAVIS 4-18
LA SOURIS A FILÉ
JE VEUX DIRE : LA SOURIS A FILÉ
TU NE TROMPES PERSONNE
REGARDE CECI : LA SOURIS...

NE SORS PAS DE LÀ, SOURIS, OU TU LE REGRETTERAS
VRAIMENT, VRAIMENT TU LE REGRETTERAS!
POURQUOI?
PARCE QUE C'EST VRAIMENT, VRAIMENT ENNUYEUX ICI
JIM DAVIS 4-19

GARFIELD®
BOP BIP BOP
JE VEUX COMMANDER UNE PIZZA...
UNE GRANDE PIZZA...
AVEC DES OIGNONS...
DES CHAMPIGNONS...
ET DES ANCHOIS
JIM DAVIS 4-20
ET VITE!
JE L'AI BIEN MÉRITÉE!
© 1987 PAWS, INC./Distributed by Universal Press Syndicate

TU SEMBLES PARÉ À L'ESCALADE
PAS DE DANGER!
IL Y A UN NID LÀ-HAUT SUR LA TROISIÈME BRANCHE
MENTEUR!
IDIOT!
JIM DAVIS 4-21
© 1997 PAWS, INC./Distributed by Universal Press Syndicate

LES ARBRES ÉPROUVENT-ILS DES SENTIMENTS, RESSENTENT-ILS LA DOULEUR?
JIM DAVIS 4-22
LA DOULEUR, ASSURÉMENT
VRAI? QUAND?
EN CE MOMENT. TU FOULES MES RACINES
NAVRÉ
© 1997 PAWS, INC./Distributed by Universal Press Syndicate

MONTER? TU ME PRENDS POUR UN IDIOT OU QUOI?
ME GRATTERAIS-TU LE DOS, ALORS?
GRATTE GRATTE GRATTE
AH... UN PEU PLUS HAUT... PLUS HAUT... PLUS HAUT...
HÉ!
QUEL IDIOT!
JIM DAVIS 4-23

JON VA ME SECOURIR. IL S'INQUIÈTE QUAND JE NE SUIS PAS LÀ. QUEL TYPE SUPER!
JIM DAVIS 4-24
CHER VIEUX JON! IL SERA ICI SOUS PEU
OÙ EST CETTE ANDOUILLE?

VOUS DEVRIEZ ADOPTER UN ARBRE AUJOURD'HUI
JIM DAVIS 4-25
© 1997 PAWS, INC./Distributed by Universal Press Syndicate
TU LE REGRET-TERAS
OUAIS, C'EST ÇA. ET QUE VAS-TU ME FAIRE, SINON?
ALLEZ, MONTE!
NAN!
JIM DAVIS 4-26
© 1997 PAWS, INC./Distributed by Universal Press Syndicate

GARFIELD ®
VA CHERCHER, ODIE!
BRAVE CHIEN!
TU A DÉLIBÉRÉMENT LANCÉ CETTE BALLE DANS MON ASSIETTE
N'EXAGÈRE PAS
VA CHERCHER LE PAIN À L'AIL... EUH, LA BALLE, ODIE!
JIM DAVIS 4-27
© 1987 PAWS, INC./Distributed by Universal Press Syndicate

GARFIELD, IL FAUT PARLER DE TA FIXATION POUR LA BOUFFE
ELLE PREND DES PROPORTIONS INQUIÉTANTES
IL Y A DES TRACES DE LÈVRES SUR LE FRIGO
JE PUIS ME MONTRER AFFECTUEUX
JIM DAVIS 4-28

C'EST ASSURÉMENT UN...
PROUF!
BEAU JOUR!
JIM DAVIS 4-29

UN ACCIDENT AVEC LE SÈCHE-CHEVEUX, CE MATIN
Y A-T-IL DES RESCAPÉS?
JIM DAVIS 4-30
© 1997 PAWS, INC./Distributed by Universal Press Syndicate

JIM DAVIS 5-1
LES CHATS SONT BONS
LE POIL DE CHAT EST BON. LES BOULES DE POILS SONT BONNES
LES BOULES DE POILS SONT NOS AMIES
EXERCICE DE SENSIBILITÉ
© 1997 PAWS, INC./Distributed by Universal Press Syndicate

TU ACCEPTES DE M'ACCOMPAGNER? BRAVO!
QUAND?
JIM DAVIS 5-2
UN MILLÉNAIRE, C'EST LONG?
TU FERAIS MIEUX DE COMMENCER À TE PRÉPARER

JON A OUBLIÉ MA FOURCHETTE
GARFIELD
GARFIELD
JIM DAVIS 5-3
GARFIEL

GARFIELD
HÉ L'IDIOT! C'EST LE MOMENT DE NOURRIR LE CHAT!
SORS UN INSTANT DE CETTE EXISTENCE PATHÉTIQUE QUI TE SERT DE VIE ET DONNE À MANGER À TON GENTIL MINET, TRIPLE CRÉTIN!
GARFIE
EUH... EUH... JE VAIS PRÉPARER QUELQUE CHOSE
GARFIE
GARFIELD
ZIP
ET QUE ÇA SAUTE, ANDOUILLE ADORÉE!
J'ADORE CE MACHIN
GARFIELD
JIM DAVIS 5-4
© 1997 PAWS, INC./Distributed by Universal Press Syndicate

VIENS VOIR, GARFIELD
JIM DAVIS 5-5
LA CHAÎNE DU PLIAGE DE CHAUSSETTES EN CONTINU!
© 1997 PAWS, INC./Distributed by Universal Press Syndicate
BIENVENUE À "REPRISONS EN CHOEUR"!
SUPER!
JE VAIS DÉPOUSSIÉRER LA RADIO

D'ABORD, NOUS CARESSONS LES ALIMENTS DU REGARD...
PUIS, NOUS LAISSONS LE FUMET EMPLIR LA PIÈCE...
© 1997 PAWS, INC./Distributed by Universal Press Syndicate
ENFIN, NOUS ÉCRASONS LE NEZ CONTRE L'ASSIETTE ET NOUS INHALONS!
JE SAVAIS QU'ELLE FLANCHERAIT
GROÏNK! CROA! GLOU!
JIM DAVIS 5-6

UN COMPTABLE DIT À SON COLLÈGUE: "J'AI TROUVÉ MA PLUS-VALUE. TU NE ME DÉPRÉCIERAS PLUS!"
HA!HA!HA! HA!HA!
JE NE SAISIS PAS
© 1997 PAWS, INC./Distributed by Universal Press Syndicate
JIM DAVIS 5-7
NOUS AVONS PRÉSENTÉ "RIONS ENTRE INITIÉS"
CETTE ÉMISSION N'A PAS LA COTE

JOUONS À DEVINER LA DOULEUR MYSTÈRE! PARTICIPANTS, PRÊTEZ L'OREILLE...
OUILLE! AÏE! OUAAAH! AÏE! AÏE! AÏE! OUAAAH!
BZZZT
JIM DAVIS 5-8
© 1997 PAWS, INC./Distributed by Universal Press Syndicate
IL S'AGIT D'UN TYPE QUI N'A PAS ENLEVÉ LES ÉPINGLES DE SA CHEMISE NEUVE
JE LE SAVAIS!
ALLEZ SAVOIR POURQUOI

PAF PAF
PAF PAF
PAF PAF
PAF PAF PAF PAF
PAF PAF PAF PAF
PAF PAF PAF PAF
PAF PAF PAF PAF
"LES NINJA MAUVIETTES" REVIENDRONT APRÈS LA PAUSE
OÙ EST LA TÉLÉCOMMANDE?
JIM DAVIS 5-9
© 1997 PAWS, INC./Distributed by Universal Press Syndicate

BIENVENUE CHEZ "CASIMIR, LE CHA...
CLIC
... LES AVENTURES DE "LOTHAIRE, SOURICEAU GUERRIER"!
J'ESPÈRE QUE LES PILES SERONT BIENTÔT À PLAT!
JIM DAVIS 5-10
© 1997 PAWS, INC./Distributed by Universal Press Syndicate

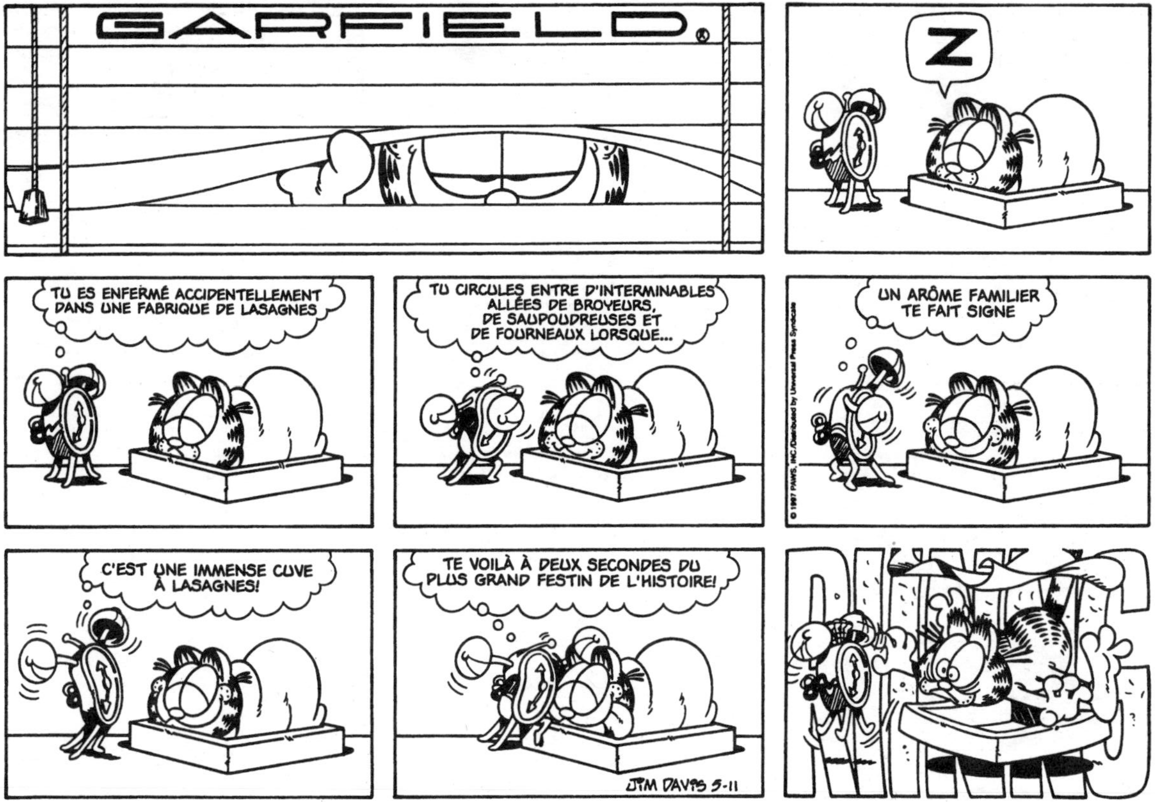
GARFIELD®
Z
TU ES ENFERMÉ ACCIDENTELLEMENT DANS UNE FABRIQUE DE LASAGNES
TU CIRCULES ENTRE D'INTERMINABLES ALLÉES DE BROYEURS, DE SAUPOUDREUSES ET DE FOURNEAUX LORSQUE...
UN ARÔME FAMILIER TE FAIT SIGNE
© 1997 PAWS, INC./Distributed by Universal Press Syndicate
C'EST UNE IMMENSE CUVE À LASAGNES!
TE VOILÀ À DEUX SECONDES DU PLUS GRAND FESTIN DE L'HISTOIRE!
JIM DAVIS 5-11

Z
JIM DAVIS 5-12
Z
GARFIELD
VOUS ARRIVE-T-IL D'ÊTRE INCAPABLE DE VOUS RÉVEILLER?
Z
GARFIELD

WOUF WOUF WOUF WOU
WOUF
WOUF
JIM DAVIS 5-13
WOUF WOUF WOU
WOUF
WOUF
GARE AU CHIEN